yukismart.com/b/634a70

pomme
苹果
píng guǒ

banane
香蕉
xiāng jiāo

poire
梨子
lí zi

cerise
樱桃
yīng táo

citron vert

青柠

qīng níng

citron

柠檬

níng méng

coing

楹桲

wēn po

kiwi

奇异果

qí yì guǒ

raisins

葡萄

pú tao

pastèque

西瓜

xī guā

orange

橙子

chéng zi

clémentine

小柑橘

xiǎo gān jú

fraise

草莓

cǎo méi

framboise

树莓

shù méi

canneberge

蔓越莓

màn yuè méi

myrtille

蓝莓

lán méi

groseille

醋栗

cù lì

mûre

黑莓

hēi méi

jus

果汁

guǒ zhī

confiture

果酱

guǒ jiàng

tartine

吐司

tǔ sī

pamplemousse

葡萄柚

pú tao yòu

melon

甜瓜

tián guā

pomelo

柚子

yòu zi

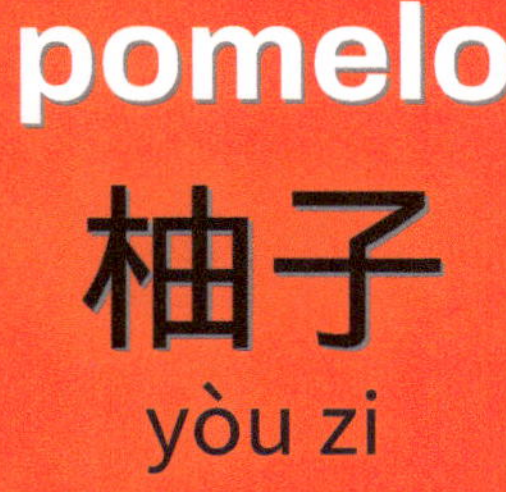

kumquat

金橘

jīn jú

mirabelle
黄香李
huáng xiāng lǐ

pêche
桃子
táo zi

abricot
杏子
xìng zi

prune
李子
lǐ zi

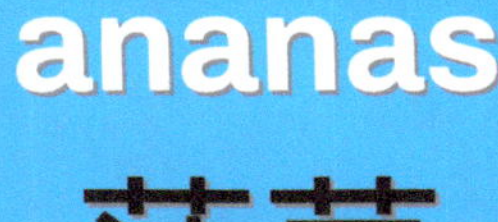

ananas

菠萝

bō luó

grenade

石榴

shí liú

olive

橄榄

gǎn lǎn

figue

无花果

wú huā guǒ

date

椰枣

yē zǎo

avocat

牛油果

niú yóu guǒ

litchi

荔枝

lì zhī

kaki

柿子

shì zi

carambole

杨桃

yáng táo

mangue

芒果

máng guǒ

ramboutan

红毛丹

hóng máo dān

longane

龙眼

lóng yǎn

langsat

兰撒

lán sā

mangoustan

山竹

shān zhú

jacquier

菠萝蜜

bō luó mì

sapotille

人心果

rén xīn guǒ

goyave
番石榴
fān shí liú

jujube
枣
zǎo

durian
榴莲
liú lián

corossol

番荔枝

fān lì zhī

papaye

番木瓜

fān mù guā

fruit du dragon

火龙果

huǒ lóng guǒ

noix de coco

椰子

yē zi

cacao
可可
kě kě

chocolat
巧克力
qiǎo kè lì

pomme de terre

土豆

tǔ dòu

maïs

玉米

yù mǐ

patate douce

红薯

hóng shǔ

citrouille

南瓜

nán guā

butternut

奶油南瓜

nǎi yóu nán guā

manioc

木薯

mù shǔ

carotte

胡萝卜

hú luó bo

tomate

西红柿

xī hóng shì

champignon

蘑菇

mó gu

brocoli

花椰菜

huā yē cài

asperge

芦笋

lú sǔn

artichaut

洋薊

yáng jì

concombre

黄瓜

huáng guā

épinard

菠菜

bō cài

chou-fleur

菜花

cài huā

courgette

西葫芦

xī hú lu

salade

生菜

shēng cài

chou

卷心菜

juàn xīn cài

aubergine

茄子

qié zi

navet

芜菁

wú jīng

radis

小萝卜

xiǎo luó bo

betterave

甜菜

tián cài

rhubarbe

大黄

dài huáng

chou de Bruxelles

抱子甘蓝

bào zǐ gān lán

poireau

韭葱

jiǔ cōng

menthe

薄荷

bò hé

céleri-rave

芹菜根

qín cài gēn

endive

菊苣

jú jù

céleri

芹菜

qín cài

petits pois

豌豆

wān dòu

pois chiches

鹰嘴豆

yīng zuǐ dòu

haricot vert

青豆

qīng dòu

haricot rouge

红豆

hóng dòu

haricot mungo

绿豆

lǜ dòu

fenouil

茴香

huí xiāng

panais

欧洲萝卜

ōu zhōu luó bo

poivron

甜椒

tián jiāo

piment

辣椒

là jiāo

poivre

胡椒

hú jiāo

oignon

洋葱

yáng cōng

ail

大蒜

dà suàn

gingembre

姜

jiāng

noix de macadamia

夏威夷果

xià wēi yí guǒ

noix de pécan

碧根果

bì gēn guǒ

noix de cajou

腰果

yāo guǒ

noisettes

榛子

zhēn zi

amande

杏仁

xìng rén

pistache

开心果

kāi xīn guǒ

cacahuète

花生

huā shēng

châtaigne

栗子

lì zi

noix

核桃

hé táo